LA MYTHOLOGIE
ÉGYPTIENNE

*Pour Alice et Guillaume,
Hugo et Camille, qui partirent
si joyeusement à la recherche
de la momie, au musée du Louvre ;
pour Victor, qui sait déjà tout
des Romains ;
et pour Vassili, qui a eu la patience
d'attendre ce livre.*

Pour Yanis et Inaya.

Du même auteur

Le Petit Pierre
LAROUSSE

Une petite sœur particulière
ACTES SUD JUNIOR

Du même illustrateur

La Commère et les vents
Un rêve pour toutes les nuits
Charlotte, la poupée et le chat
Marie et les riquiquis du plancher
Où va-t-il comme ça, Zou Cochou ?
La Moufle
ACTES SUD JUNIOR

Le loup sifflera trois fois
Contes et légendes de la mythologie grecque
NATHAN

Le Chat noir
Le Chien des Baskerville
GRIMM PRESS

Conception Graphique :
Isabelle Gibert

Maquette :
Maud Cornu

© Actes Sud, 2000
ISBN 978-2-7427-3071-1

Loi 49-956 du 16 juillet 1949
sur les publications destinées à la jeunesse

Les Naissances du Monde

CLAUDE HELFT

LA MYTHOLOGIE ÉGYPTIENNE

Illustrations de
FRÉDÉRICK MANSOT

Préface de
AKHENATON

ACTES SUD JUNIOR

PRÉFACE

ILS VIVAIENT AVEC LA TERRE ET LE CIEL...

Akhenaton, vous composez la musique de vos films et de vos chansons pour le groupe IAM sous le nom que vous vous êtes choisi, celui d'un pharaon. L'histoire de l'Égypte, cela a de l'importance pour vous ?

C'est l'un des berceaux de nos civilisations. Tout jeune déjà, j'écoutais ma mère qui nous lisait la Bible, pas pour la religion, mais pour ses dimensions mythiques et historiques. Depuis, je n'ai pas cessé de lire des livres sur les civilisations.
Même si c'est inconscient, on a tous un territoire d'origine. Pour certains, c'est l'Égypte, pour d'autres l'Afrique noire, l'Irak, ou un pays peut-être oublié par la modernité mais qui a eu un grand passé. C'est très important de savoir d'où vient notre histoire, où sont nos racines. Cela permet de mieux vivre dans le temps présent et de comprendre l'autre qui vient d'ailleurs.
L'Histoire a tendance à ne retenir que les belles histoires, mais c'est fascinant de voir qu'elles se recoupent souvent : pour moi, Osiris et Isis, les plus humains des dieux égyptiens, ont quelque

chose de commun avec Adam et Ève. Le pharaon Akhenaton fit la révolution dans la religion : il eut l'intuition d'un dieu unique. Après lui, le clergé d'Amon, qui voulait reprendre ses privilèges, voulut faire oublier jusqu'à son nom. Mais sa pensée se retrouve aujourd'hui dans les religions modernes monothéistes.

La mythologie des Égyptiens est humaine, elle est ancrée dans la réalité, elle nous parle directement. Il n'y a qu'à voir la dimension de leurs monuments, de leurs tombeaux pour comprendre l'importance qu'ils donnaient à la vie après la mort. Ils vivaient en symbiose avec leur milieu naturel. Ils avaient conscience de la fragilité, de l'équilibre nécessaire à la vie, de la possibilité de la fin du monde. Ils avaient observé des pluies de pierres, des météorites. Ils ont donné à leurs dieux des formes d'animaux, Horus à tête de faucon, Thot à tête d'ibis...

Ils vivaient avec la terre et le ciel. C'est plus difficile à notre époque.

Alors, raconter cela aux enfants, à ceux qui nous suivent, c'est leur permettre de se reconnaître et de choisir comment se comporter, c'est mettre des petites pierres dans l'édifice qui les construit.

Propos recueillis par Claude Helft

1

LE MYSTÈRE DE LA CRÉATION DU MONDE

Les histoires des dieux égyptiens datent de milliers d'années. Les archéologues qui savent voyager loin dans le temps font remonter les premières traces des Égyptiens à quelque cinq mille ans avant Jésus-Christ ; mais les légendes, depuis combien de temps existent-elles ?
Les pierres gravées, les peintures, les papyrus, les récits des voyageurs grecs nous les ont transmises. Peut-être qu'on les racontait déjà, sans les écrire, bien longtemps avant le premier hiéroglyphe, trois mille ans environ avant Jésus-Christ ?

LE CIEL ÉTOILÉ D'ÉGYPTE

Le ciel de l'Égypte des temps anciens était sans doute le même qu'aujourd'hui. Et du nord au sud, sous le soleil africain, l'Égypte de l'Antiquité s'étendait, comme maintenant, de la mer Méditerranée aux grands déserts du Soudan.
Le Nil transformait déjà le sable sur ses rives en oasis fertiles. Il délimitait deux royaumes, la Basse-Égypte autour de son delta, et la Haute-Égypte, en remontant vers sa source.

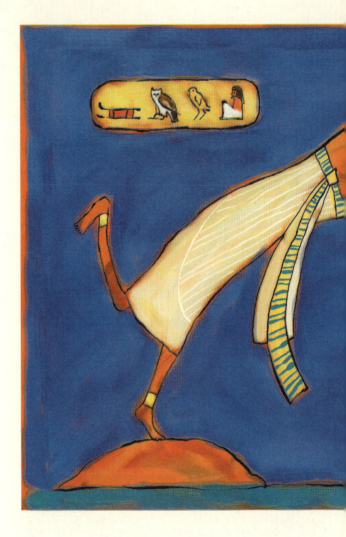

Les grandes villes, Héliopolis, Memphis, Hermopolis, Thèbes, avaient chacune leurs dieux. À tour de rôle, au gré des victoires, chaque ville a imposé les siens aux autres.

Le temps passant, on a oublié que certains dieux venaient d'ailleurs, qu'ils avaient été adoptés.

Cela donne des milliers de noms, des centaines de temples, des trésors à foison, des histoires à n'en plus finir. Les premières parlent du début, elles racontent la création du monde.

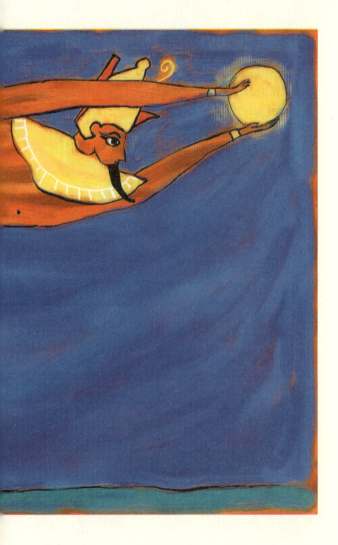

LE DIEU SOLEIL

La légende qui nous vient d'Héliopolis commence ainsi : au tout début, une mer sombre flotte en tous lieux. Elle est enfoncée dans le noir, sans le moindre mouvement, ni cri ni clapotis. C'est le corps immense du dieu Nou, l'Océan. Depuis combien de jours s'étend-il ainsi ? Personne ne le sait. Même le temps n'existe pas. Pourtant, un événement capital se prépare.

Surgie du fond profond, de son propre poids, une montagne affleure soudain à la surface des eaux. Sur son sommet plat, aussitôt, le soleil rougeoie. Atoum, le dieu Soleil, vient de naître.

Atoum-le Soleil de la mythologie égyptienne a le visage, les bras, les jambes, le sexe d'un homme. Son énergie est celle de l'univers. Elle contient tous les dieux futurs, toutes les forces de la terre, celles qui construisent et celles qui détruisent.

La première force qu'Atoum emploie est celle qui rend père. On ne sait pas exactement comment cela se passa mais certains disent qu'Atoum, à peine apparu, fit naître, d'une goutte de son

sperme, Shou, divinité masculine et Tefnout, divinité féminine, sa jumelle.

Pour d'autres, c'est de sa gorge qu'il les tira. En crachant, il créa Shou et en toussant, il engendra Tefnout. Ce qui fait penser cela, c'est que le nom de Shou signifie "air" ou "vide" et celui de Tefnout "humidité" ou "rosée".

Shou et Tefnout, frère et sœur mais aussi amants, s'unissent pour créer une déesse, Nout, le Ciel, et un dieu, Geb, la Terre d'Égypte.

Geb s'étend sur son royaume, la terre, et Nout, s'arc-boutant au-dessus de Geb, repousse derrière l'arc de son dos Nou-l'Océan, leur arrière-grand-père, qui se fait lac en maugréant, bien obligé de faire un peu de place à ses descendants.

L'AIR, LE CIEL, LA TERRE

Le soleil, l'air, le ciel, la terre, toutes les forces de l'univers sont créées. Atoum, satisfait, jette un coup d'œil sur son œuvre et ordonne à Shou, divinité de l'Air, de séparer Nout-le Ciel de Geb-la Terre.

Shou-l'Air, qu'on voit souvent sur les peintures égyptiennes la tête ornée d'une plume d'autruche, obéit : il lève les bras pour éloigner sa fille-Ciel, la belle Nout, du corps de Geb, son mari et frère. C'est ainsi que le ciel est pour toujours au-dessus de nos têtes, la terre sous nos pas et l'air entre ciel et terre.

Mais, sur les dessins égyptiens, Nout laisse attachés à Geb son regard, le bout de ses mains fines et de ses pieds légers. Entre Ciel et Terre, en Égypte, il y a une histoire d'amour.

LA MYTHOLOGIE ÉGYPTIENNE

LES AUTRES LÉGENDES

Une autre légende raconte ainsi la création du monde : lorsque la montagne monta de l'eau, une fleur de lotus s'épanouit en même temps. Lové dans le cœur de la fleur, Atoum apparut alors sous la forme d'un petit enfant éblouissant. Le soir, le lotus parfumé se refermait et cachait l'enfant-lumière. Le matin, il s'entrouvrait de nouveau. L'enfant-dieu créa le monde : c'est ainsi que les dieux jaillirent de sa bouche et les hommes de ses yeux. En égyptien, les mots qui veulent dire "hommes" et "larmes" se prononcent de la même façon.

Ailleurs Thot, dieu de la Sagesse, est le premier organisateur du monde. Sur l'île née du tremblement des eaux de Nou, huit dieux qui ont pris la forme de grenouilles ou de serpents. Ils créent le soleil à partir d'un œuf que Thot, à la tête d'ibis, porte au sommet de la montagne. Leur tâche

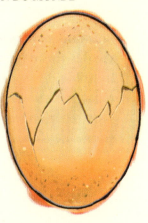

accomplie, les huit dieux se retirent et Thot commence la construction du temple en l'honneur de ce dieu du Soleil, Rê, à l'endroit même où l'œuf a éclos, là où il reste des fragments de sa coquille et où il convient de construire la capitale de la terre d'Égypte.

À Memphis, on raconte cela : sur la montagne qui fit bouillonner pour la première fois les eaux de Nou, océan arrière-grand-père de la terre d'Égypte, c'est le très sage dieu Ptah qui apparaît. De sa tête intelligente et de son cœur aimant, il pense et ouvre la bouche pour nommer chaque dieu, chaque être. Au moment où il reçoit son nom, chaque être reçoit aussi la vie.
Ptah ne se contente pas d'animer toute chose en la nommant. Il invente la forme des villes et celle des temples, il met au point la fabrication du pain et la transmet à ceux qui habitent ces nouveaux lieux, les hommes.

À Thèbes, c'est une autre histoire : un inconnu, peut-être un dieu du Vent, Amon, dont le nom signifie "caché", souffla sur la surface du noir ancêtre des dieux, l'océan géant, Nou, au ventre profond mais sans vie. Et non seulement il souffla, mais il poussa le grand cri de l'oie, oiseau intelligent.
Le cri résonna et Amon prit la forme du soleil haut dans le ciel.

Plus tard, Amon le mystérieux intervint dans la vie des rois d'Égypte, les pharaons. Lui, le dieu invisible, il s'incarna sous la forme du pharaon régnant et prit sa place auprès de la reine. Celle-ci, sans reconnaître le dieu (qui le pourrait ? personne ne l'a vu), conçut de lui un enfant. Pas n'importe quel enfant, un futur pharaon, Amehotep III, et pas seulement un enfant mais aussi son *ka*, la source de vie éternelle qui naît en même temps que Pharaon et lui permet d'accéder à l'immortalité.

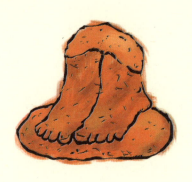

L'IDÉE DES HOMMES

Qui eut l'idée des hommes ? Un étrange dieu, honoré dans les grottes du Nil de la Haute-Égypte, Khnoum à tête de bélier.
Très patient, très savant, il tourne sur son tour de potier de petits hommes très bien faits. Il sait quels organes mettre à l'intérieur, la place du cœur, les points d'attache des os et l'écoulement du sang. Et il fait des membres élégants, la peau brune, des sexes puissants, étant chargé de la bonne descendance des hommes, indispensables au service des dieux qui se nourrissent d'offrandes.

L'ORDRE PARFAIT

Les hommes bâtissent des temples et célèbrent le culte du dieu Soleil pour le remercier et lui demander de tenir le monde dans cet ordre-là. Sans doute parce que si quelque chose changeait maintenant, cela n'apporterait que des ennuis.

C'est exactement l'avis d'Atoum-Rê qui commande si bien à tous les autres dieux que même l'arrière-grand-père Nou se pacifie complètement et transforme ce qui reste de ses eaux glauques du tout début en un fleuve magnifique, le Nil, et en pluies bienfaitrices.

LE MYSTÈRE DE LA CRÉATION DU MONDE

Il se passe un certain temps où tout est parfait. Les dieux se tiennent cois, sans s'en plaindre.
À dire vrai, Nout, déesse du Ciel, garde bien tout le jour sa position acrobatique au-dessus de Geb, dieu de la Terre, mais à la faveur de la nuit, elle se penche un peu vers lui. Geb, frémissant, se tend vers elle. Leurs bouches et leurs sexes très

humains se touchent. Ils en éprouvent un intense plaisir qui reste inaperçu de leur grand-père, Atoum-le Soleil.
Celui-ci a d'autres préoccupations. Les hommes ne sont pas toujours fidèles dans les temples. Ils oublient de remercier Atoum, créateur de l'univers.

LE MYSTÈRE DE LA CRÉATION DU MONDE

LES ENFANTS DU CIEL

Cependant, de leurs amours secrètes, Nout se trouve enceinte de Geb, son mari. Et pas seulement d'un enfant, mais de cinq !

Atoum entre dans une terrible colère en l'apprenant. Et comme c'est un dieu, il prend une décision extraordinaire : il interdit à Nout d'accoucher ! Nout est désespérée. Comment supporter un ciel au désespoir ? Tous les dieux voudraient l'aider mais c'est impossible : le pouvoir d'Atoum est absolu. L'ordre est si absurde que cela ne manque pas d'agacer Thot, dieu de l'Intelligence.

On n'a pas oublié Thot, venu de son autre légende, mais toujours pourvu de sa tête d'ibis. Dans sa fine tête d'oiseau, il a déjà imaginé une solution.

Atoum a interdit à Nout d'accoucher. L'interdiction porte sur le temps qu'Atoum a créé, qui se compte en années de trois cent soixante jours, trois cent soixante nuits.

LA SOLUTION DE THOT

Thot, qui a une tête d'ibis mais des bras et des jambes d'homme, s'avance vers la Lune et lui propose de jouer aux dés. La partie s'annonce passionnante, car Thot a beaucoup d'idées et la Lune beaucoup de temps. Justement, l'enjeu, c'est cela : le temps.

Thot propose à la Lune de gagner du temps. Le vainqueur empochera non pas de l'argent mais des secondes, des minutes, des heures, et pourquoi pas, des jours. La Lune accepte : c'est très amusant de jouer dans le firmament avec quelqu'un d'intelligent. Ils jouent à n'en plus finir, étant très bon joueurs, l'un et l'autre. Nout est assez inquiète, avec tous ces enfants qui ne demandent qu'à naître.

Enfin Thot revient, triomphant : il a gagné non pas quelques minutes ni même plusieurs heures, mais cinq jours, des jours entiers, cinq fois vingt-quatre heures, à prendre tout de suite, tant que cette affaire ne s'est pas ébruitée.

Nout peut donc accoucher sans désobéir au dieu Soleil. En effet son pouvoir est sans effet sur ces nouveaux jours, qu'il n'a pas lui-même créés.

Thot peut être assez fier de son idée. Les Égyptiens, eux, resteront toujours un peu méfiants de ces jours rajoutés à la fin de l'année, des jours où tout peut arriver.

LES QUINTUPLÉS CÉLESTES

Chaque enfant a ainsi son jour de naissance. Le premier est un fils, Osiris, beau, aux doux yeux, à la peau verte, aux épaules larges.

Des voix annoncent déjà qu'il sera juste, fort et bon.

C'est lui l'aîné, l'héritier de son père Geb, la Terre, qui lui transmet le pouvoir de régner sur cette terre, l'Égypte.

LA BARQUE DU SOLEIL

QUAND IL VOIT QUE L'ORDRE DU MONDE QU'IL A CRÉÉ A CHANGÉ, ATOUM, DÉÇU, SE SENT FATIGUÉ. IL DÉSIRE S'ÉLOIGNER. IL DEMANDE À NOUT, DÉESSE DU CIEL, DE LE METTRE, LUI ET QUELQUES AUTRES DIEUX, SUR SON DOS. ELLE ACCEPTE. ELLE LES TRANSFORME EN ÉTOILES, LES PLACE EN ELLE DANS UNE BARQUE AUX VOILES DE VENT QUI PARCOURT CHAQUE NUIT LA ROUTE DU CIEL ET RÉAPPARAÎT CHAQUE MATIN. LE SOLEIL ALORS RESPLENDIT TOUTE LA JOURNÉE AU-DESSUS DE LA TERRE ET, LA NUIT, REFAIT SON VOYAGE NOCTURNE HORS DE LA VUE DES HOMMES.

LA MYTHOLOGIE ÉGYPTIENNE

Osiris sera le premier pharaon.

Un deuxième fils naît le deuxième jour, Horus l'Ancien. Ce nouvel enfant a une tête de faucon et sera craint de tous les dieux. C'est le dieu de la Guerre. Le troisième jour, Nout voudrait se reposer dans une oasis mais voici que surgit hors de son corps, n'importe comment, la blessant, Seth le violent, le dieu rouge à deux cornes, dieu des Éclairs, des Déserts, des Vengeances, dieu jaloux, batailleur, tricheur, le traître de l'histoire. On verra qu'il sera

aussi un petit-fils dévoué et courageux. Tout n'est pas si noir.
Nout n'en sait pas tant quand, le quatrième jour, naît dans les roseaux une première fille, la gracieuse, l'amoureuse, l'enjôleuse Isis aux magnifiques cheveux, magicienne comme pas deux.
Le cinquième jour, ces quatre phénomènes ont

une petite sœur, Nephthys, douce, si douce que personne ne lui fera d'histoires, même quand elle devint la mère d'Anubis, dieu à tête de chacal, et la tante du petit Horus. Mais ceci est une autre histoire.

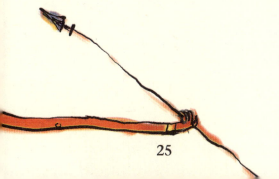

2

ISIS ET OSIRIS

Des cinq enfants de l'univers, quatre se marient. Osiris épouse Isis, Seth épouse Nephthys. C'est une tradition de famille, chez les dieux égyptiens : les frères épousent leurs sœurs. Et puis, c'est le début du monde, il n'y a pas d'autre choix.

Osiris et Isis s'aiment d'amour. Déjà dans le ventre de leur mère, ils s'enlaçaient. Mari et femme, ils ne se quittent pas. Il écoute ses conseils. Elle écarte de lui les dangers et les ennemis.

Car Osiris, naturellement doué pour comprendre et enseigner, n'a aucune méfiance. C'est un roi idéal et il a contre lui les jaloux, les graines d'usurpateurs, ceux qui veulent prendre sa place de roi. Il ne s'en rend pas compte. Il est trop occupé à montrer aux Égyptiens comment contrôler les eaux du Nil qui ont tendance à déborder, comment tisser le coton, récolter et écraser le blé, rendre la justice et goûter la suave musique des lyres et des flûtes qu'il a inventées. Et comme Osiris est un dieu en même temps qu'un roi, il gouverne les hommes et les étoiles, jour et nuit.

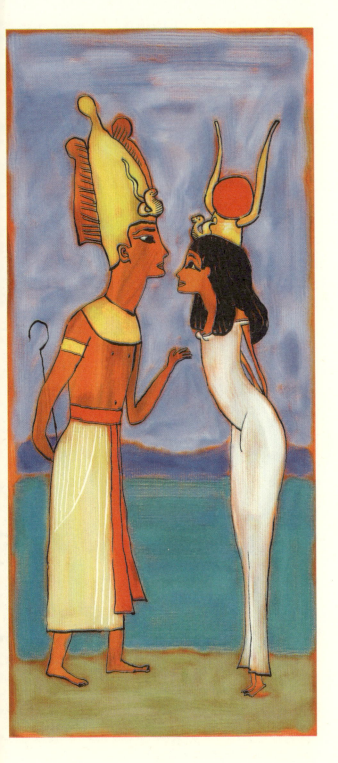

DONS DES DIEUX

THOT, LUI, EST FIER D'AVOIR DONNÉ AUX HOMMES L'ÉCRITURE.
– AH, VRAIMENT, DIT RÊ, MAL LUNÉ. ET À QUOI CELA VA-T-IL LEUR SERVIR ?
– À SE SOUVENIR, DIT THOT.
– À OUBLIER, OUI, RÉPOND RÊ. ILS VONT NOTER, NOTER, NOTER SANS PLUS Y PENSER.
THOT NE SE LAISSE PAS IMPRESSIONNER ET DONNE ENCORE AUX HOMMES LE CALENDRIER. HÂPY, LE BON GÉNIE DE LA CRUE DU NIL, FAIT DON À L'ÉGYPTE DE SA FERTILITÉ, DU PAPYRUS, PLANTE EMBLÉMATIQUE DU SUD, AU LOTUS, CELLE DU NORD. LE NOM DU LOTUS, EN ÉGYPTIEN " SECHEN ", NOUS FAIT DON, À NOUS, DU PRÉNOM SUZANNE, " CELLE DU LOTUS ".

On ne sait pas grand-chose de sa vie heureuse sur la terre d'Égypte, sauf cet amour tendre pour son épouse, Isis.

Une légende nous apprend qu'il confondit un jour Isis et Nephthys. La petite sœur ressemble à la grande : même beauté, même douceur. De cette confusion naît un dieu, Anubis. Nephthys le cache, elle craint la colère de Seth. Mais quand Isis se rend compte de la méprise, elle n'en veut à personne. Elle va chercher le petit Anubis dans le marais et l'adopte tout bonnement.

Elle souhaite avoir un enfant d'Osiris, qui hériterait à son tour du trône d'Égypte.

Tout aurait dû se dérouler comme cela.

La jalousie de Seth

C'est compter sans la jalousie de Seth, frère cadet d'Osiris.

Non seulement Seth doit se contenter de régner sur les déserts d'Égypte alors qu'Osiris possède les terres fertiles, mais en plus, il constate qu'Osiris n'a que des alliés, des serviteurs dévoués, des adorateurs zélés, une épouse inséparable. Seth ronge son frein un certain temps, le temps de convaincre quelques mécontents virulents de son espèce. Ils forment un complot et imaginent un plan.

Seth fait construire un magnifique coffre en bois parfumé, incrusté, peint et rehaussé. Au cours d'un banquet où tous les dieux sont réunis, il présente ce coffre. Tout le monde l'admire. Seth annonce qu'il offrira le coffre à celui qui, en se couchant à l'intérieur, touchera exactement les bords, de la tête et des pieds.

Les convives, qui ont bu de la très bonne bière égyptienne, sont détendus et amusés. Ils acceptent tous d'essayer. Les petites déesses sont vite éliminées car le coffre est très grand, vraiment très grand. On sait même sa taille exacte. En mesures égyptiennes, cela fait huit coudées, six palmes et trois doigts, et en mètres de maintenant, cela donne presque cinq mètres. Or c'est la taille de géant d'Osiris, sa taille au millimètre près. Seth n'a pas fait faire le coffre au hasard. Il a profité d'un jour où tout était calme dans le palais. Osiris dormait. Seth s'est approché et il a pris les mesures de

son frère endormi. Il les a prises en longueur et en largeur. Sa main était habile pour ne pas faire d'erreur, légère pour ne pas réveiller son frère, mais dans sa tête, des pensées de vengeance consumaient tout le bien qu'il pouvait y avoir, toutes les qualités que d'autre part il avait. Il était aveuglé par la haine.

Sa ruse a réussi. Osiris, qui, au fond, n'y tenait pas plus que cela, s'est prêté au jeu du banquet. Il s'est couché dans le coffre. Il s'y emboîte parfaitement. Sur un ordre de Seth, les conjurés, les complices du complot, se précipitent, écartent les dieux qui se penchent, clouent le coffre et l'emportent à la vitesse de l'éclair. Une confusion sans pareille

règne dans le palais. Geb-la Terre est blessé et perd son sang. Des gouttes qui tombent naissent le pin et la résine. Atoum-le Soleil pleure. Ses larmes se transforment en abeilles.

Seth a jeté le coffre bien scellé dans le fleuve. Il n'a pas tué son frère de sa propre main. Peut-être n'a-t-il pas osé, mais il l'abandonne aveuglé, paralysé, étouffé et bientôt, noyé.

LE DÉSESPOIR D'ISIS

Isis épouvantée part à la recherche du corps de son mari. Toute déesse qu'elle est, elle ne sait où faire aller ses pas. Elle erre sur la terre d'Égypte. Tous les dieux se taisent, effrayés par le crime.

Isis est rejointe par Nephthys, sa sœur presque jumelle. Leurs yeux de biche ne percent pas le secret des marécages, des îles du Nil, des roselières où s'emmêlent tant de nids d'oiseaux, de cachettes pour les poissons d'eaux douces, de trous où viennent boire les gazelles et les lions du désert. C'est pourtant là que des enfants ont vu le coffre, appuyé contre un arbuste. Ils viennent le raconter à Isis. Aussitôt, elle y va, mais le coffre n'est plus là. L'arbre non plus. Le roi de l'endroit, en passant, l'a admiré et fait couper pour en faire une colonne de son palais. Comment un tout jeune arbre pourrait-il soutenir un toit ? se demande Isis.

Isis se présente au palais et voit la colonne, majestueuse. Son œil magique déchiffre le mystère : le jeune arbre du marais que touchait

ISIS ET LE PETIT PRINCE

ISIS EST ENTRÉE AU PALAIS EN CACHANT QU'ELLE ÉTAIT UNE DÉESSE, LA REINE REMARQUE LE PARFUM EXQUIS (IL EST DIVIN !). ELLE LUI CONFIE LA GARDE DE SON ENFANT. ISIS SE SERT EN CACHETTE DE SES DONS DE MAGICIENNE. POUR NOURRIR LE BÉBÉ, IL LUI SUFFIT DE LUI DONNER À TÉTER LE BOUT DE SON DOIGT. MAIS UNE NUIT, INTRIGUÉE PAR UNE LUMIÈRE, LA REINE ENTRE DANS LA PIÈCE OÙ ISIS INCOGNITO EST AVEC SON FILS. ELLE POUSSE UN CRI DE FRAYEUR EN VOYANT QU'IL EST AU CENTRE D'UN CERCLE DE FLAMMES.

LA " NOURRICE " DÉVOILE QU'ELLE EST LA DÉESSE ISIS. PAR AFFECTION POUR LA REINE, ELLE PRATIQUAIT UN RITE MAGIQUE POUR RENDRE LE PETIT GARÇON IMMORTEL. LE SORTILÈGE EST ROMPU, MAIS ISIS PEUT MAINTENANT RACONTER SON HISTOIRE.

le coffre échoué à son pied a grandi en une nuit. Son tronc parfumé a enveloppé le coffre, le dérobant aux regards des curieux et aux mains des voleurs. Mais le coffre était si grand que l'arbre a dû s'élancer vers le ciel, déployer ses branches où nichèrent aussitôt plus de mille oiseaux. Sa splendeur a attiré le roi.

L'HIRONDELLE MAGIQUE

Au palais, Isis gagne la confiance de la reine, sans oser lui confier son secret. Chaque nuit, elle se transforme en hirondelle et volette autour de la colonne en gémissant. Elle ne peut pas cacher son histoire très longtemps.
La reine, émue, lui offre la colonne. Isis l'emporte, dégage le coffre, l'ouvre. Elle veut mettre sa joue contre ce qui fut la joue de son mari. Hélas, le corps d'Osiris est en pièces. Nul ne reconnaîtrait le visage aimé, ne sentirait l'odeur suave du dieu, son haleine si douce qu'elle parfumait longtemps les cheveux de la femme qu'il aimait.

LA PATIENCE D'ANUBIS

Isis appelle Anubis, le dieu à tête noire, couleur, en Égypte, non du deuil, mais de la renaissance. Petit, elle l'a recueilli, élevé. Elle a passé de longs jours à le bercer et à l'amuser. Anubis est reconnaissant. Il écarte doucement Isis en pleurs, il se penche vers Osiris et lui prodigue ses soins. Avec infiniment de patience, il rassemble les membres, les frotte d'huiles, les entoure de bandelettes. Il confectionne la première momie.

Quand Osiris a retrouvé forme humaine, Isis reprend sa place auprès de lui. Elle met sa main sous la tête de son mari. Osiris ouvre les yeux. Le souffle lui revient. Il revit. Isis se transforme en magnifique épervier. Elle étend ses ailes et se place au-dessus de lui. Les dieux sont témoins qu'ils conçoivent ainsi un enfant, qui pourra devenir roi, comme son père, Osiris.

Mais ce temps n'est pas encore arrivé. Isis cache de nouveau le coffre devenu sarcophage parmi les roseaux du Nil, là où elle est née, où les déesses des eaux sont ses amies. Elle le change de place sans cesse, pour qu'il échappe à toute curiosité. Elle ne s'en éloigne que dix mois plus tard, quand elle met au monde le petit Horus. La terre d'Égypte a un héritier.

3

LE COMBAT DES DIEUX

Dès la disparition d'Osiris, Seth est allé devant les autres dieux réclamer le trône, comme héritier de son frère mort.

Atoum – qu'on appelle aussi Rê, le dieu Soleil –, a un faible pour Seth. Il aime assez sa voix de tonnerre. Et dans l'ordre de succession, c'est bien à lui que revient le pouvoir sur terre.

Isis, au loin, à la recherche du corps d'Osiris, ne peut rien empêcher.

Bouillonnant de désirs, Seth s'enivre souvent ou s'empiffre de salades, au goût aussi exquis pour lui que le chocolat pour nous. Il donne des ordres aux femmes, en particulier à Isis et Nephthys qu'il contraint à tisser le lin. Lui, dressant ses hautes oreilles aux bouts tranchés net, humant l'air de son museau allongé en forme de trompe, il part à la chasse, nuit et jour. Il connaît les nids où se réfugient les canards, les belles oies sauvages.

Malgré toutes les précautions d'Isis, il écume tant les marais qu'il découvre un soir, au clair de lune, le coffre bien caché qui renferme Osiris. Saisi de fureur, il pulvérise le cercueil. Il voit la momie, et comprend qu'Isis a retrouvé son mari. Avec rage,

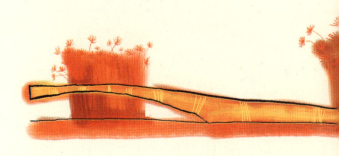

il déchire les bandelettes, déchiquette le corps si soigneusement remis en ordre par Anubis et jette les morceaux aux quatre coins du fleuve.
Osiris, privé de son corps, ne peut régner sur rien, ni sur les vivants ni sur les morts. Telle est la croyance des anciens.

LA QUÊTE D'ISIS

Quand elle ne retrouve pas le coffre d'Osiris, Isis confie le petit enfant Horus à une déesse des eaux et recommence sa recherche d'Osiris. Elle prend place sur une barque très légère, faite de roseaux, qui glisse sans bruit sur l'eau. Sur chaque rive où elle retrouve un morceau d'Osiris, elle bâtit des temples en son honneur. Quand enfin, elle a tout rassemblé – il ne manque que le sexe, sans doute happé par des poissons (et la plupart des momies, en souvenir de cela, n'en auront pas non plus) –, Osiris peut devenir le roi de l'Au-delà. Il disparaît du regard des hommes. Seule sa voix, dit-on,

LE COMBAT DES DIEUX

pouvait s'entendre parfois d'un lieu près du Nil appelé "bouche d'Osiris".
Seth, qui n'arrive pas à décider les dieux à lui donner le titre de roi, part à la recherche d'Horus, avec la ferme intention de le tuer.

HORUS HÉRITIER DU TRÔNE

Le petit Horus, caché par sa mère, par sa tante, par les déesses des eaux quand les deux premières étaient trop occupées, a eu une enfance pleine de dangers. Il n'a échappé à la piqûre mortelle d'un scorpion que parce que Thot, appelé à la rescousse, s'est souvenu juste à temps d'une formule magique pour le sauver.
Comme tous les enfants, il est tombé, s'est fait des bosses, a eu des cauchemars. Mais, en plus, sur les rives du Nil, il y avait des serpents, des crocodiles, des fièvres des marais, sans oublier le danger d'un lion affamé ou d'un hippopotame en colère. Isis s'est servie souvent de ses pouvoirs

LA DOUBLE COURONNE D'ÉGYPTE

LA DOUBLE COURONNE EST PORTÉE PAR UN DIEU OU PAR UN PHARAON. ELLE EST LE SYMBOLE DE SON POUVOIR ABSOLU SUR LES DEUX ROYAUMES UNIFIÉS D'ÉGYPTE, LE DELTA ET LA VALLÉE DU NIL. SON NOM, PSCHENT, SIGNIFIE " LES DEUX PUISSANTES ", LES DEUX DÉESSES : AU NORD, OUADJET, AU SUD, NEKHBET.

OUADJET EST REPRÉSENTÉE PAR UN COBRA. SOUS SON NOM DE URAEUS, ELLE SE DRESSE, GORGE DÉPLOYÉE, AU FRONT DES PHARAONS, POUR ÉCARTER D'EUX TOUS LES DANGERS.

NEKHBET A LA FORME D'UN VAUTOUR. ELLE EST PLACÉE SUR LA COIFFE DES REINES, COMME UNE PUISSANTE PROTECTRICE, SPÉCIALEMENT CHARGÉE DE VEILLER SUR LA NAISSANCE DES ENFANTS.

LE COMBAT DES DIEUX

de magicienne. Et le petit Horus l'a vite imitée. Il a, lui aussi, des dons.

Horus a grandi. Il est devenu le dieu Horus. Jeune homme à la tête de faucon, il se sait fils d'Osiris. Il veut porter sur son front la double couronne des rois d'Égypte : le haut bonnet blanc des rois du Nord, la coiffe rouge des rois du Sud.

Horus est prêt à affronter son oncle Seth et réclame à son tour, devant l'assemblée des dieux, le trône de son père Osiris.

LE SOLEIL SE COUCHE

Atoum-Rê, ennuyé, se fâche. Isis réclame qu'on prenne l'avis de Neith, grande déesse. Celle-ci déclare qu'il est juste en effet qu'Horus règne. Qu'on donne deux femmes à Seth, en dédommagement, et qu'il cesse de vouloir la place de son neveu. Mais Atoum-Rê ne prend pas de décision. Et quand un petit dieu le lui reproche avec un peu d'insolence, l'incroyable se produit : Atoum-Rê, le grand dieu, le créateur, le soleil tout-puissant, refuse de continuer. Dans le temple où les dieux sont réunis, il se couche à terre, il refuse de se lever !

Le soleil s'est arrêté. Personne, ni parmi les dieux ni parmi les hommes, ne peut le supporter. Il faut

décider le dieu Soleil à reprendre sa course. Isis essaie de la magie, Thot tente un discours, les autres dieux supplient. Rien à faire. Atoum-Rê est vexé, déprimé, fatigué, entêté.
Les dieux quittent le temple, désemparés.
Seule l'une des filles d'Atoum-Rê, la belle déesse Hathor, celle qui a un disque d'or entre ses cornes de vache, est restée. Elle s'approche d'Atoum-Rê. Elle ne dit rien, elle sourit. Elle touche le corps d'or pur d'Atoum-Rê et ses cheveux de lapis-lazuli, une pierre bleu ciel aimée des Égyptiens. Elle le chatouille. Elle n'est pas très respectueuse, Hathor aux grands yeux. Elle déride son vieux père. Elle enlève ses habits. Cela fait rire le soleil. Il rit, il rit à gorge déployée. Ouf, il a repris goût au cours des choses, goût à la vie.

SETH PRIS AU PIÈGE

Isis ne perd pas de temps. Elle réclame qu'Atoum-Rê proclame maintenant que son fils Horus est le jeune roi d'Égypte. Le soleil hésite encore, et sur le conseil de Seth (qu'il préfère, c'est sûr, même s'il ne le dit pas), il décide que les dieux vont se réunir sur une île où il est interdit à Isis d'entrer ! La magicienne va se débrouiller. Elle se transforme en femme du peuple (très jolie) pour ne pas être reconnue, et se fait remarquer par Seth. Séduit, le dieu approuve tout ce qu'elle dit. Isis lui raconte alors une triste histoire où un fils est volé de son héritage.
– Ah, s'écrie-t-il pour dire comme elle, bien sûr, un fils légitime doit succéder à son père !
– Tu l'as dit toi-même ! dit alors Isis en prenant

HATHOR LA LIONNE

LA DÉESSE HATHOR PEUT AUSSI ÊTRE REDOUTABLE. LE DIEU RÊ L'APPELLE QUAND IL DÉCOUVRE QUE LES HOMMES COMPLOTENT CONTRE LUI. HATHOR, SOUS LA FORME D'UNE LIONNE, SE DÉCHAÎNE CONTRE LES HOMMES. LE DIEU COMPREND QU'ELLE VA, MA PAROLE, LES EXTERMINER. POUR ARRÊTER LE CARNAGE, UNE SEULE SOLUTION, LA RUSE. LES ENVOYÉS DU DIEU FONT RÉPANDRE SUR LE SABLE DU CHAMP DE BATAILLE DE LA BIÈRE TEINTÉE DE ROUGE. UNE VÉRITABLE INONDATION ! LA DÉESSE ASSOIFFÉE DE SANG CROIT QUE C'EST... DU SANG, JUSTEMENT ! ELLE LE BOIT AVEC VOLUPTÉ. TANT ET SI BIEN QU'ELLE EN OUBLIE SA MISSION. IL ÉTAIT TEMPS. IL NE RESTAIT QUE QUELQUES SURVIVANTS.

une forme d'oiseau et en allant prudemment se percher sur un acacia, non loin de là. Tu as dit qu'il est légitime qu'Horus succède à son père ! Seth est pris au piège. Mais il va pleurer devant Atoum qui tarde encore à choisir le successeur d'Osiris.

LE COMBAT DES DIEUX

LE HARPON D'ISIS

Horus bout d'impatience. Seth alors propose une compétition.
– Changeons-nous en hippopotames et restons sous l'eau. Celui qui peut y rester trois mois a gagné.
Aussitôt dit, aussitôt fait. Isis se doute que Seth va tricher. Elle fabrique un harpon pour menacer Seth. Mais émue par les plaintes de son frère, elle se laisse fléchir, et cesse de l'attaquer.
Fou de colère, Horus s'en prend à sa mère, et dans sa fureur, lui coupe la tête. Puis, épuisé, il s'endort.

Seth va crier au scandale chez les dieux, trop heureux d'avoir une raison de punir son neveu. Il repart à la recherche d'Horus, le trouve endormi et lui arrache les yeux qui deviennent aussitôt deux lotus.

RUSE SUR RUSE

Horus sans yeux se réfugie dans le désert. La bonne déesse Hathor, à la douce tête de vache, le prend en pitié et le guérit d'une goutte de lait de gazelle.
Horus est prêt à reprendre le combat.
Mais maintenant Atoum est fatigué. Il exige que l'oncle et le neveu fassent la paix et s'assoient à la même table pour un banquet. Seth fait mieux, il propose même à Horus de partager son lit. C'est une ruse. Pour embarrasser Horus, il dira le lendemain devant tous les dieux que son sperme se trouve dans le corps d'Horus.
Perplexe, le dieu Thot appelle le sperme de Seth qui lui répond du fond des marais (c'est un tour d'Isis). Puis il appelle le sperme d'Horus qui lui répond du front de Seth et y surgit sous la forme d'un disque d'or (encore un tour de magie).
Seth épuise les dieux par ses cris : qui, d'Horus ou de lui, est le roi légitime ? Horus est-il vraiment le fils d'Osiris, né dix mois après la mort de son père (dix mois, c'est le temps qu'il faut à un dieu pour

naître) ? Seth n'est-il pas plus âgé, plus expérimenté qu'Horus pour régner ?
Seth donne une nouvelle règle.
– Faisons une course de bateaux. Mais des dieux comme nous n'ont pas des bateaux ordinaires. Les nôtres seront en pierre.
Le rusé Horus prépare son bateau. Il l'a taillé dans du bois puis maquillé avec de la craie. On jurerait de la pierre.
L'orgueilleux Seth, lui, s'est fait une embarcation dans un énorme rocher, aussi long, aussi large qu'une piscine olympique.

LES JARDINS D'OSIRIS

APRÈS CHAQUE INONDATION DU NIL, ON FABRIQUE AVEC LE LIMON DE PETITES STATUES REPRÉSENTANT OSIRIS COUCHÉ. ON LES APPELLE " OSIRIS VÉGÉTANT " OU " JARDINS D'OSIRIS ". ON Y MET DES GRAINES, ET ON ATTEND DE LA BONTÉ DU DIEU QU'IL LES FASSE GERMER. ON POSE CES STATUETTES SUR LE CORPS DES MOMIES AFIN QU'ELLES AIENT UNE VIE NOUVELLE DANS L'AU-DELÀ, COMME LA TERRE D'ÉGYPTE QUI RENAÎT CHAQUE ANNÉE.

DANS DES PRIÈRES, ON DÉCRIT OSIRIS AUSSI GRAND QUE LA TERRE TOUT ENTIÈRE, COUCHÉ SOUS ELLE AVEC SA VÉGÉTATION, SES MAISONS ET SES TEMPLES. ON LE REMERCIE AVEC FERVEUR ET ON LUI DEMANDE DE NE PAS BOUGER, CAR ALORS, LA TERRE TREMBLE.

LE COMBAT DES DIEUX

Bien entendu, il coule dès qu'il touche l'eau. Il se change en hippopotame pour aller déséquilibrer son adversaire qui lui donne quelques bons coups de harpon :
– Un coup pour mon œil gauche, un coup pour mon œil droit, et un, deux, trois coups pour la tête d'Isis.
Car Horus se reproche d'avoir coupé la tête de sa mère.
Thot a déjà arrangé cela.
Il a remis sur les épaules d'Isis une belle tête de vache. Cela lui servira parfois pour apparaître ainsi dans d'autres légendes.
Mais cette fois, le combat de l'oncle et du neveu exaspère tout le monde.
– Allons demander son avis à Osiris, décide Thot.
Comme il est aussi le dieu des Scribes, il écrit une lettre à Osiris. La réponse du dieu d'outre-tombe est claire et nette :

– Mettez mon fils Horus sur mon trône d'Égypte, en souvenir des bienfaits que j'ai faits pour cette terre et que je continue de faire.
Le ton d'Osiris ne plaît pas beaucoup au soleil Atoum-Rê qui pense que c'est lui qui a tout fait sur cette terre : d'abord, il l'a créée, ensuite, il l'éclaire toute la journée et fait pousser le blé, les palmiers, toutes les richesses de la terre.
Cependant, une dernière fois, les dieux se réunissent. Isis amène Seth ligoté pour qu'il ne prépare pas encore un mauvais coup.

LA MYTHOLOGIE ÉGYPTIENNE

LA DÉCISION DU DIEU SOLEIL

– Dans ces circonstances, prononce Atoum-Rê, assez lentement pour qu'on comprenne que maintenant, c'est définitif, qu'Horus soit le roi de toute l'Égypte et qu'ensuite, un homme digne de lui succède. Tous les pharaons seront des Horus et transmettront aux dieux les prières des hommes. De temps en temps, un dieu fera un enfant à une reine et créera ainsi une nouvelle famille de rois, appelée dynastie.

Quant à Seth, qu'il se tienne près de moi. Sa force me protégera. Il sera à l'avant de la barque où je traverse le jour et la nuit. Il écartera de ma route mes ennemis. Il combattra, à l'aube, à midi et le soir le terrible serpent Apopis. Grâce à lui, le soleil éclairera la terre le jour, et la nuit retraversera le ciel à l'abri des dangers.

Voilà ce qu'il advint, dans le ciel d'Égypte. Ce fut après une guerre de presque cent ans entre les dieux.
Maintenant, le soleil va reprendre sa course.

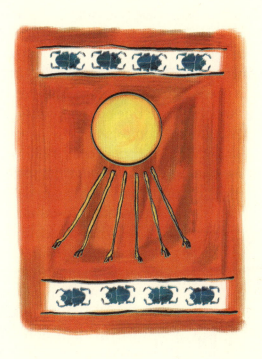

4
LE VOYAGE DU SOLEIL

Quand Seth rejoint son arrière-grand-père, celui-ci est à bord de la barque où il a navigué tout le jour. Les Égyptiens l'appellent "la barque des millions d'années". Il est Atoum, le Soleil couchant, le dieu à tête de bélier. Il a traversé le ciel d'est en ouest et s'approche du port du soir, près de la bouche de Nout, la déesse courbée au-dessus de la terre. Là, le fleuve du ciel s'élargit. Une nouvelle embarcation attend Atoum et ses compagnons.

Il y a là Ouadjet, le cobra royal, l'Œil de Rê, devenu son gardien ; Seth, l'ardent, qui porte une lance et des couteaux bien affûtés ; mille petits

génies armés jusqu'aux dents et, juste devant Atoum, assise, une plume sur la tête, Maât, la tranquille déesse de la Vérité. Avalés par Nout, ils disparaissent de l'horizon. Ils pénètrent dans une région pleine d'ombre, le Nil souterrain, un fleuve de sable, sans eau ni vent. C'est le royaume des morts.

LE ROYAUME DES MORTS

Les défunts, curieux et respectueux, s'assemblent près de la barque de la nuit. Ils se réjouissent de voir le soleil qui les tire un moment de l'obscurité totale en les éclairant faiblement. Chacun a l'espoir – mais il lui faudra une autorisation écrite de Thot, le dieu Scribe à tête d'ibis – d'accompa-

LE VOYAGE DU SOLEIL

gner le soleil, un jour ou l'autre, au-dessus de la terre. Alors, joyeuses, les âmes, qui ont sur les dessins égyptiens une petite tête d'homme sur un corps d'oiseau et qu'on appelle *bâ*, volettent tout un jour au-dessus des régions qu'elles ont aimées, où il faisait si bon vivre.

En se souvenant de ce temps-là et en chantant les louanges d'Atoum, quelques morts ont saisi les

LE LIVRE DES MORTS

LE LIVRE DES MORTS, ÉCRIT SUR UN ROULEAU DE PAPYRUS OU LA PAROI D'UN TOMBEAU, CONTIENT LES FORMULES NÉCESSAIRES POUR PARCOURIR LE ROYAUME DES MORTS. SON TITRE ÉGYPTIEN EST EXACTEMENT "LE LIVRE POUR SORTIR LE JOUR", ET IL EST DESTINÉ À OUVRIR TOUS LES CHEMINS, CELUI QUI MÈNE À OSIRIS POUR ÊTRE JUGÉ ET AUSSI CEUX QUI RAMÈNENT VERS UN PETIT JOUR DE CONGÉ, AU-DESSUS DE LA TERRE D'ÉGYPTE. LES MOTS MAGIQUES, LES NOMS QUI Y SONT NOTÉS, ONT LE POUVOIR DE REPOUSSER LES ATTAQUES DE CEUX QUI BARRENT LA ROUTE, GARDIENS ET DÉMONS.

cordes pour tirer la barque des dieux. Quand ce ne sont pas eux, ce sont des étoiles, celles qu'on nomme "les infatigables", qui emportent l'embarcation jusqu'à la caverne de la première heure de la nuit. Une porte monumentale la défend. Une déesse est chargée d'accueillir Atoum qui nomme sur son passage toutes les divinités, tous les personnages ou monstres qui se tiennent sur la rive. S'ils avaient le projet de lui nuire, les voilà paralysés par la parole du dieu.

Le voyage ne fait que commencer. Il y a douze heures à traverser, douze portes bien défendues, douze cavernes profondes. Et soudain, c'est l'attaque. Le grand serpent Apopis a surgi. Il déroule ses anneaux interminables et cherche à renverser l'embarcation et ses passagers.

Seth s'est élancé et, avec lui, les petits génies. Ils plantent leurs couteaux qui hérissent le corps d'Apopis sans lui faire lâcher prise. Puisqu'il le faut, ils lancent des flèches, avec des arcs, s'ils en ont, et s'ils n'en ont pas, tant pis, ils les crachent, ça marche aussi. Apopis est terrassé. La barque peut continuer.

OSIRIS, JUGE DES MORTS

À la cinquième heure, Atoum et son équipage pénètrent dans la grotte d'Osiris. C'est là que, devenu dieu de l'Au-delà, celui-ci juge les morts, les rois comme les enfants, les nobles comme les paysans. Tous ont droit à la vie éternelle, s'ils ont pu être momifiés avant d'être enterrés. C'est une longue histoire qui vaut la peine d'être racontée, après que le soleil a terminé sa journée.

Pour l'instant, il s'approche de la douzième porte. La nuit va se terminer. Atoum à tête de bélier est arrivé dans la queue d'un grand serpent, bienfaisant celui-ci, appelé le serpent des dieux, long de presque un kilomètre !

Là, bien à l'abri, Atoum change de nom et de tête. Il devient Khépri et prend la forme d'un scarabée.

Comme l'insecte qui pousse devant lui une boule de terre et de débris bien plus grosse que lui, Khépri va faire tourner sous lui la planète Terre. Il est le jeune soleil levant.

Ses compagnons se battent une dernière fois contre Apopis qui a

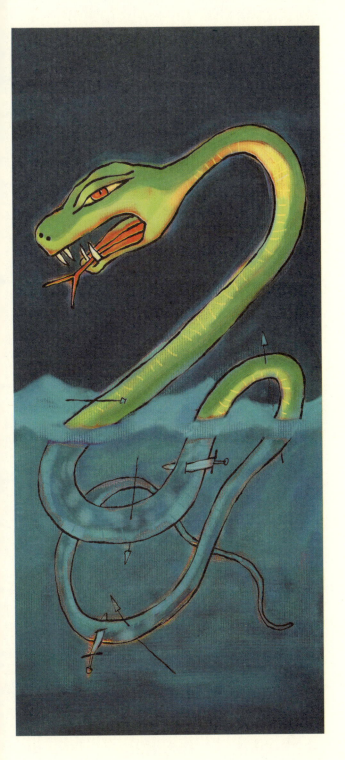

LE NOM DE RÊ

CONNAÎTRE UN NOM EST UN POUVOIR...
ISIS UN JOUR ENTREPREND D'ÊTRE PLUS
PUISSANTE QUE RÊ EN CONNAISSANT
SON VRAI NOM. SEUL RÊ PEUT LE
RÉVÉLER. ISIS RAMASSE UN PEU DE LA
SALIVE DU DIEU. ELLE LA MÉLANGE À
DE L'ARGILE ET FAIT UN SERPENT, PETIT
ET POINTU COMME UNE FLÈCHE, QUI
MORD LE DIEU. LE VENIN AGIT VITE. RÊ
APPELLE TOUS LES DIEUX. ISIS PROPOSE
SON AIDE, MAIS POUR CELA, IL FAUT
QUE RÊ LUI DISE SON NOM. LE VRAI. LE
CACHÉ. RÊ EN CITE PLUSIEURS. LE VENIN
AGIT TOUJOURS. LE DIEU SE REND À
L'ÉVIDENCE. IL DOIT RÉVÉLER SON NOM.
LE TEXTE ÉGYPTIEN NE L'A PAS NOTÉ.
CELA RESTE UN SECRET ENTRE RÊ, ISIS
ET PEUT-ÊTRE HORUS. PERSONNE NE
SEMBLE EN AVOIR ABUSÉ, PUISQUE RÊ
EST RESTÉ LE MAÎTRE DE L'UNIVERS.

attendu traîtreusement que les oiseaux se mettent à chanter pour tenter encore de détrôner le soleil. Peine perdue. Khépri ne met pied à terre que pour changer de barque et prendre celle de jour, qui navigue grâce au vent.

LES MÉTAMORPHOSES DU SOLEIL

Triomphant, Khépri passe alors entre les cuisses de Nout, le ciel, et se montre à l'est de la terre. Ni Seth ni personne ne l'abandonne, car beaucoup d'ennemis peuvent surgir : les tempêtes, les pluies et l'abominable Apopis qui, à midi, invente de boire l'eau du fleuve céleste pour tenter d'immobiliser la barque. Les génies ne le laissent pas faire et le forcent à tout recracher.

Le soleil se métamorphose une troisième fois : il est Rê, l'astre triomphant. Son image est le disque solaire, rayonnant. C'est lui qui fait pousser et mûrir les récoltes et permet la vie en Égypte. En déclinant le soir, il devient Atoum à tête de bélier, s'adoucit et s'achemine vers son coucher.

Les aventures et les dangers de la nuit recommencent pour lui. Toujours à l'affût, ses défenseurs vont se surpasser. C'est dans ces combats, dit-on, qu'Atoum retrouve l'énergie qu'il déploie le jour en réchauffant la terre. Il est le dieu qui ne dort jamais afin que la vie au goût de miel recommence sans cesse en Égypte, pour les hommes comme pour les dieux.

5
LA VIE DES MOMIES

Les Égyptiens anciens qui observaient beaucoup leur ciel, de jour comme de nuit, ont noté les changements des étoiles, leur retour à date fixe à la même position. Ils ont ainsi calculé le calendrier qui nous sert toujours (les 365 jours de l'année). Ils ont aussi réfléchi à l'infini, à la vie après la vie. Les morts vont-ils quelque part, et s'ils y vont, qu'y font-ils ?

Ils avaient un modèle : Osiris, leur dieu si bon, le premier pharaon.

Osiris meurt assassiné, et son corps est en morceaux quand Isis le retrouve. Elle appelle alors Anubis qui, avec patience, rassemble les os,

redonne sa taille et sa forme à Osiris en l'entourant de bandelettes. Il peut alors ressusciter et devenir roi d'un nouvel empire, l'au-delà, où il sera le juge et régnera sur les morts.

Cette histoire, qu'ils avaient imaginée, donne aux Égyptiens de l'Antiquité un grand espoir : revivre après la mort comme Osiris est possible. Mais dans une autre vie. Une vie qui va durer l'éternité.

Pourquoi, pour cela, Osiris devait-il absolument retrouver l'aspect qu'il avait de son vivant ?

LE CORPS, LE BÂ ET LE KA

Selon la légende, le dieu bélier Khnoum façonne sur son tour de potier le corps de chacun, homme ou dieu, avant sa naissance, avant de le déposer dans le ventre de sa mère, il prend bien soin de faire en même temps son *ka* ou énergie vitale et son *bâ*, petite âme à tête d'oiseau.

Les trois formes, le corps qu'on voit, le *ka* et le *bâ* qui sont invisibles pendant la vie, forment un tout. Sans *bâ*, pas d'âme, sans *ka*, pas de force,

sans corps, pas de vie. Ces trois-là survivent ensemble après la mort. Le petit *bâ* s'envole sous sa forme d'oiseau. Le *ka* se matérialise en deux bras dressés, posés comme une coiffe sur la tête d'une statue représentant le mort. Le corps, lui, si on le laisse ainsi, mort, va se décomposer. Or sans lui, il n'y a pas de vie, ni celle qu'on vient d'avoir sur terre, ni celle qui est possible dans l'au-delà.

On doit donc l'empêcher de disparaître en refaisant exactement pour lui les gestes qu'Anubis a faits pour Osiris.

EMBAUMER ET MOMIFIER

Dans ces temps très anciens, ce sont les prêtres qui savent, après Anubis, embaumer et momifier les corps. La cérémonie est si longue, si chère qu'elle semble réservée aux rois, aux reines, aux ministres, nommés vizirs, aux gens très riches. Surtout qu'après tous les soins, les parfums, le linge fin qui sont nécessaires pour transformer un corps en momie, on le protège encore en le mettant dans de beaux coffres aux visages peints ou sculptés, en or si on est pharaon, en bois si on est moins riche.

LES QUATRE FILS D'HORUS

Contrairement à la logique, les fils d'Horus, génies des quatre points cardinaux, assistent sur les peintures égyptiennes à l'embaumement de leur grand-père Osiris, pratiqué par Anubis. Ils accomplissent même un rite très important : l'ouverture de la bouche de la momie, en la touchant de la main. Ainsi, Osiris pourra manger et parler dans l'au-delà. Depuis, ils sont chargés de veiller sur le foie, les poumons, l'estomac, les intestins des momies. Les embaumeurs placent ces viscères dans les vases canopes, au bouchon sculpté en forme de tête. Celui qui a la tête de babouin d'Hapi, génie du Nord, garde les poumons ; Amseti, génie du Sud, à tête d'homme, protège le foie ; Douamontef, génie de l'Est, à tête de chien ou de chacal, l'estomac. ; Quebesenouf, génie de l'Ouest, à tête de faucon, les intestins. On les voit aussi parfois, gravés sur une plaque placée sur les momies à l'endroit de l'ouverture faite par les embaumeurs.

Mais les prêtres font aussi des momies d'animaux sacrés. Car un dieu peut toujours s'y loger, par exemple Thot qui protège les ibis et les babouins, ou la déesse Bastet, qui aime les chats.

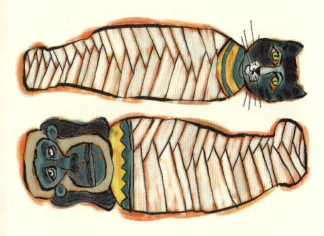

Chaque Égyptien peut espérer que quelqu'un se penchera sur lui, après sa mort, avec tendresse comme Isis, avec habileté comme Anubis et permettra à sa momie de partir vers la vie éternelle. Dans les bandelettes en lin, on glisse toutes sortes d'amulettes où sont écrites des formules, des prières qui protègent le mort contre les ennemis, les mauvais esprits.

Car le mort ne reste pas dans son tombeau. Un dieu se présente à lui. C'est souvent Isis ou Anubis. Il y a des offrandes peintes pour ces dieux gentils qui prennent le mort par la main et le conduisent au royaume des ombres.

Ils portent sur eux, comme pour lui donner confiance, la croix de vie, un signe très puissant qui protège Pharaon lui-même.

LE VOYAGE DU MORT

Comme Atoum sur sa barque, le nouveau mort doit franchir des portes, nommer les lieux qu'il traverse, saluer les divinités qu'il rencontre. Il a pris soin de faire écrire par un scribe sur un papyrus, en bonne place dans la tombe, tous les mots qui paralysent les ennemis et tous ceux qui forment des louanges pour les dieux amis.

Il a soigneusement préparé sa déclaration d'innocence pour Osiris, qui va le juger. C'est un long texte, écrit à la première personne, qui jure que le mort n'a pas fait de fautes graves dans sa vie, n'a tué personne, ni trahi, ni manqué de respect envers les dieux.

Enfin, il se trouve devant Osiris. C'est le moment du jugement. Osiris est assis. Et avec lui, l'une derrière l'autre, les principales divinités. C'est impressionnant, cette assemblée de dieux. Ils sont souvent presque cinquante. La momie, dans son sarcophage, ou ayant retrouvé son allure de

vivant, est en face d'eux, toute droite. Au milieu se dresse la balance des âmes, gardée par une petite déesse, Maât, la préférée d'Atoum le Créateur, car elle veille sur le bon ordre des choses. Elle est aussi la déesse de la Vérité et porte une plume sur la tête.

LE CŒUR SUR LA BALANCE

On pose sur un plateau de la balance le cœur du mort (que la momie a sur elle), et sur l'autre, la plume de Maât, qui n'a jamais menti.
Pour les Égyptiens anciens, le cœur était le logement de l'intelligence. Si le cœur est lourd des fautes que le vivant a commises, la balance s'incline de son côté. Pas de vie éternelle pour celui-ci. Il est aussitôt englouti par une bête effrayante, appelée la Grande Dévoreuse, à tête de crocodile, crinière de lion et corps d'hippopotame.

Mais si la balance reste en équilibre, Osiris déclare le mort digne de vivre près de lui.
Thot note la décision sur ses tablettes. Horus vérifie. Non seulement le mort a droit à la vie éternelle, mais il devient lui-même un nouvel Osiris. Il peut se confondre dans le grand dieu.

LA VIE DANS LES CHAMPS D'OFFRANDES

La vie quotidienne n'est pas désagréable. On habite un nouveau pays, appelé les Champs des Offrandes, où tout est comme sur terre, mais en dix fois mieux : les blés poussent plus haut, les rires sont plus joyeux, l'amour est encore plus délicieux.

Le seul devoir des morts, c'est – même si ce n'était pas leur métier sur terre – de labourer et de récolter ce qui pousse dans les Champs des Offrandes. Si on a pris soin de faire mettre dans sa tombe de petites statues représentant des serviteurs, on peut se faire remplacer par eux aux travaux des champs et se servir à son aise de tout ce qui a été déposé dans la tombe, en grandeur réelle ou en miniature : son fauteuil préféré, ses bijoux, et même son chat, dessiné ou sculpté.

Pourtant, cette douce façon d'exister le jour, après la mort, ne sera jamais tout à fait la vie. Elle en a l'apparence, elle en a le goût mais elle ne fait pas oublier celle qu'on avait en Égypte.

Son grand avantage, pourtant, c'est qu'elle n'a pas de fin.

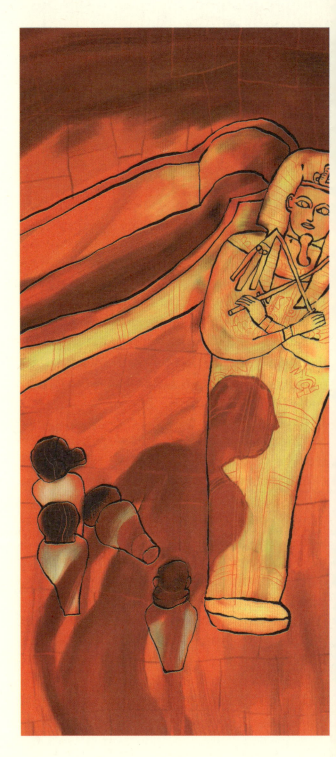

En souvenir de la vie d'avant, Thot donnera parfois aux âmes la permission d'accompagner Khépri, le Soleil levant, et de revoir la terre telle qu'elle est.

Ce sera jour de fête pour les *bâ* qui seront du voyage ce jour-là, au-dessus du fleuve, des maisons, des temples, dans le monde des vivants.

La nuit, pourtant, les morts ont de mystérieuses occupations qui ont de quoi les passionner : ils rencontrent les dieux, se rapprochent d'eux, sur la barque d'Atoum, et participent à son triomphe sur les monstres qui voudraient détruire le monde.

Ils viennent parfois tourmenter les vivants, si on ne les honore pas assez à leur goût, en même temps que les dieux, dans des fêtes joyeuses, et si on oublie de prendre soin de leur tombe. C'est encore une autre partie d'eux-mêmes, appelée *akh*, qui se comporte comme un fantôme et ne s'apaise que si on s'occupe d'eux.

6
SIGNES DES DIEUX

Si on a la chance de pouvoir aller dans les salles des musées appelées "Égyptologie" ou de faire un voyage inoubliable en Égypte, on verra les peintures et les statues de beaucoup de dieux. Voici une petite liste de ceux qu'on a déjà rencontrés dans les chapitres précédents et de quelques autres à découvrir.

AMON
Dieu "caché" de la ville de Thèbes. Il a souvent une tête d'homme coiffée d'une grande plume double très droite ou une tête de bélier. Dieu de l'Eau, il devient dieu du Soleil, créateur du monde.
À Karnak, on lui donne une femme, Mout, à tête de vautour, et un fils, Khonsou, dieu de la Lune.

ANUBIS

Nom grec du dieu Inpou, le premier des embaumeurs et l'un des plus puissants protecteurs des morts. Fils d'Osiris et de Nephthys, il a la tête noire d'un chien, proche du chacal (mais il n'y a pas de chacal en Égypte) ou sa forme entière. C'est ainsi qu'on l'a retrouvé dans la tombe du pharaon Toutankhamon.

APIS

Choisi entre mille par les prêtres, Apis est d'abord un veau vivant, l'incarnation de Ptah. Noir, un triangle blanc sur la tête, un dessin d'aigle sur le dos, de lune en croissant sur le flanc, de scarabée sous la langue, il est, avec sa mère vache et toute sa vie de taureau, un dieu adoré à Memphis. À sa mort, on le pleure, on l'embaume et on le place dans un sarcophage, à Saqqarah, avec tous ses prédécesseurs. Un nouvel Apis est choisi, qui lui ressemble comme deux gouttes d'eau.

LE SPHINX

LE SPHINX DOIT LUI AUSSI SON NOM AU GREC. LE PLUS CÉLÈBRE EST LE SPHINX DE GIZEH. IL A UN CORPS DE LION COUCHÉ ET LE VISAGE DU PHARAON CHEPHREN, QUI FIT CONSTRUIRE SA PYRAMIDE 2500 ANS AVANT J.-C. LES ÉGYPTIENS, QUI NE VOYAIENT QU'EXCEPTIONNELLEMENT LES STATUES DE LEURS DIEUX ENFERMÉES DANS LES TEMPLES, VENAIENT NOMBREUX DEVANT LE SPHINX RENDRE HOMMAGE À HORUS, DONT LE PHARAON EST LE REPRÉSENTANT SUR TERRE.

SIGNES DES DIEUX

ATOUM
Dieu créateur de l'univers à Héliopolis. Son nom peut se traduire par "tout" ou "rien". Certains pensent qu'il existait dans le rien et qu'il contenait déjà tout. Devenu dieu du Soleil Khépri-Rê-Atoum, Atoum est son nom quand il se couche.

BASTET
Déesse, fille de Rê. Chatte assise, femme à tête de chatte ou chatte avec ses chatons, elle protège les maisons et les naissances. On a retrouvé des cimetières entiers, appelés nécropoles, de momies de chats, ses animaux sacrés. Bastet-la-Douce prend parfois l'aspect de Sekmet, la terrible lionne.

BÈS
Joyeux petit dieu qui fait des grimaces pour éloigner les mauvais esprits. Il protège les femmes enceintes, les bébés et tous les hommes quand ils dorment. On portait des amulettes de Bès contre les piqûres de scorpion, de serpent, et de divers insectes. Une statuette de Bès dans la maison éloignait toutes ces bestioles.

GEB

Dieu de la terre, fils de Shou et de Tefnout, frère et époux de Nout. Bel homme nu, il est allongé comme la terre qui s'étend sous le ciel. Son animal sacré est l'oie.

HATHOR

Déesse de la Joie et de l'Amour, maîtresse des points cardinaux. Lionne, chatte, cobra, femme ou vache portant entre ses cornes un disque d'or, elle était célébrée spécialement à Denderah où, chaque année, on rappelait par une fête son mariage avec Horus. Sous sa forme de lionne ou d'œil de Rê, elle devient redoutable.

HÉQET

Déesse à tête de grenouille, elle protège la naissance des enfants. Pour certains, elle est la femme de Khnoum qu'elle aide dans son travail de potier, créateur des hommes.

LES OBÉLISQUES

LES OBÉLISQUES, BIEN QU'ILS SOIENT LE PLUS SOUVENT TRÈS GRANDS ET TRÈS LOURDS, ONT UN NOM GREC QUI SIGNIFIE À L'ORIGINE " PETITE BROCHE À RÔTIR ". CE N'EST PAS TRÈS RESPECTUEUX POUR CES IMMENSES COLONNES EN GRANIT ROSE, AU BOUT POINTU, LE PYRAMIDION. ON LES ÉLÈVE PAR DEUX, DEVANT LES TEMPLES, POUR CÉLÉBRER LE CULTE DU SOLEIL. LE PYRAMIDION EST RECOUVERT D'OR. IL RAPPELLE LE SOLEIL QUI APPARUT SUR LA TERRE SURGIE DES EAUX, AU DÉBUT DE LA CRÉATION DU MONDE. IL EST L'IMAGE DE LA RELATION QUI EXISTE ENTRE LES HOMMES ET LES DIEUX, ENTRE LA TERRE ET LE CIEL.

HORUS

Dieu à tête de faucon ou tout entier faucon, il hérite de son père Osiris son titre et sa charge de pharaon, qu'il doit conquérir contre son oncle Seth. On le représente enfant sur les genoux de sa mère Isis, ou en dieu du Ciel, sous le nom de Horus de l'Horizon. Ses deux yeux alors sont la Lune et le Soleil. Hathor est sa femme.

ISIS

Déesse, fille de Geb et de Nout, sœur et femme d'Osiris. Sa coiffe est un trône, hiéroglyphe de son nom. Elle part à la recherche du corps d'Osiris et donne naissance à leur fils Horus. Magicienne hors pair, elle est la seule à savoir le nom caché de Rê. Très aimée, elle protège de sa toute-puissance les cultures, les maisons, les naissances.

KHÉPRI

Nom du soleil levant, qui signifie "devenir". Il a la forme d'un homme à tête et ailes de scarabée ou d'un scarabée. Porter son amulette exprimait le désir d'avoir une vie éternelle dans l'au-delà.

KHNOUM

Dieu façonneur des hommes. Bélier ou homme à tête de bélier, il est spécialement honoré dans l'île d'Éléphantine, en face d'Assouan. Il protège les sources du Nil. Des béliers lui étaient consacrés. On a retrouvé leurs momies dans de précieux sarcophages.

KHONSOU

Dieu de la Lune à Karnak, enfant ou jeune homme à tête de faucon. Son nom signifie "celui qui voyage" comme la lune qui traverse le ciel.

MAÂT

Déesse, fille de Rê. Elle est coiffée d'une plume d'autruche, hiéroglyphe de son nom qui signifie "vérité", "justice". "Parler selon Maât", c'est dire la vérité. Elle est présente dans la barque du soleil et près d'Osiris qui juge les morts.

NÉFERTOUM

Dieu créateur du monde à Hermopolis. On le représente en bouton de fleur de lotus, ou en adolescent coiffé d'un lotus, ou en jeune homme à tête de lion, un lotus dans sa crinière. Le lotus est symbole de renaissance.

NEITH

Déesse, coiffée de la couronne rouge de la Basse-Égypte, créatrice du monde selon des textes gravés dans le temple d'Esna, mère du dieu Soleil. On dit que c'est d'un de ses crachats que surgit Apopis, le serpent de cent coudées qui attaque le soleil. Les conseils de Neith sont très écoutés des autres dieux.

NEKHBET

Déesse protectrice de la Haute-Égypte, du pharaon et de la reine. Vautour, ou femme à coiffe de vautour, elle s'est occupée du petit Horus, avec Ouadjet. Ensemble, elles symbolisent la paix et l'unité de l'Égypte.

NEPHTHYS

Déesse, fille de Geb et de Nout, sœur et femme de Seth, mère d'Anubis. Très proche de sa sœur Isis, elle porte une coiffe en forme de corbeille et d'un plan de maison, hiéroglyphe de son nom. Elle est l'une des protectrices des morts.

NOUT

Déesse-Ciel, fille de Shou et de Tefnout, sœur et femme de Geb. Son corps mince et étoilé se penche au-dessus de la terre, sa tête à l'est, ses pieds à l'ouest. Dans une autre légende, elle a la forme d'une vache céleste.

OSIRIS

Fils de Geb et de Nout, frère et époux d'Isis, père d'Anubis et d'Horus. Premier pharaon, il est trahi et assassiné par son frère Seth. Son corps retrouvé par Isis, momifié par Anubis, il ne peut plus régner sur les vivants mais il renaît pour être le maître et le juge de l'empire des morts.
Dieu très aimé, il représente l'espoir d'une vie éternelle dans l'au-delà.

OUADJET

Déesse protectrice de la Basse-Égypte et du pharaon. Son nom signifie "couleur de papyrus". Cobra dressé coiffé de la couronne rouge, elle est associée à Nekhbet pour protéger le royaume tout entier et prend place dans la barque du soleil.

PTAH

Dieu créateur du monde à Memphis, il a l'aspect d'un homme emmailloté des pieds à la tête, coiffé d'une calotte bleue et portant le pilier *djed*, emblème de la durée, ainsi que le sceptre des dieux, l'*ouas* et la croix de vie, *ankh*. Le taureau Apis est son représentant sur terre.
Il protège les artisans, spécialement les orfèvres.

SIGNES DES DIEUX

RÊ

Dieu créateur du monde à Héliopolis, il est le soleil à son zénith, représenté comme un homme à tête de faucon portant le disque du soleil. Après avoir créé le monde, arbitré le combat de Seth et d'Horus et affronté plusieurs révoltes des hommes, il se retire dans le ciel dans sa barque "des millions d'années" qui traverse jour et nuit les nuées.

SELKIS

Déesse protectrice des hommes et des morts, à tête de femme et corps de scorpion. Elle est l'une des baby-sitters du petit Horus et s'y connaît en magie.

SETH

Dieu, fils de Geb et de Nout, maître du Tonnerre, du Désert et des Querelles mais aussi protecteur du Soleil. Assassin d'Osiris, il combat Horus puis prend place dans la barque du soleil. Il a l'aspect d'un animal aux oreilles biseautées et au long museau, ou seulement sa tête, un corps d'homme et une queue fourchue.

SHOU
Dieu, fils d'Atoum-Rê, frère et époux de Tefnout, il est l'Air, le Souffle vital, la Lumière. Homme portant une plume sur la tête, il peut aussi avoir la forme d'un des deux lions (l'autre est Tefnout) qu'on appelle alors les "Lions de l'Horizon".

SOBEK
Dieu des Eaux, fils de Neith, crocodile ou homme à tête de crocodile. On lui consacre des crocodiles, choyés toute leur vie et momifiés après leur mort.

TEFNOUT
Déesse, fille d'Atoum-Rê, sœur et femme de Shou, elle est l'humidité de l'air, sa chaleur. Femme à tête de lion ou lionne, quand elle devient redoutable.

THOT

Dieu créateur du monde à Hermopolis, maître des Scribes, des Sciences, messager des dieux, désigné par Atoum-Rê pour le remplacer sous la forme de la lune. Homme à tête d'ibis ou de babouin ou l'un ou l'autre de ces animaux, il invente, entre autres, le calendrier, l'écriture, la géométrie, l'astronomie et le jeu de dés. Il sait beaucoup de formules magiques, ce qui le rend parfois un peu pédant. Il est le conseiller des dieux et se tient près d'Osiris au moment où il juge les morts.

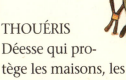

THOUÉRIS

Déesse qui protège les maisons, les femmes et les enfants. Elle a une tête de femme, un corps mi-hippopotame mi-crocodile, debout sur des pattes de lion. On porte volontiers son amulette sur soi ou dans la maison pour profiter de sa bonté.

Amuse-toi à reconnaître le nom

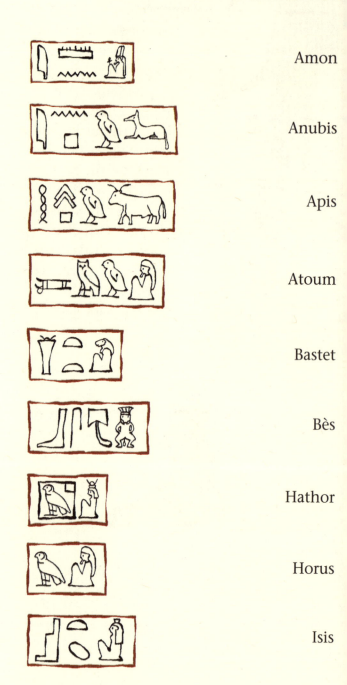

JX ET À REPRODUIRE CES HIÉROGLYPHES.

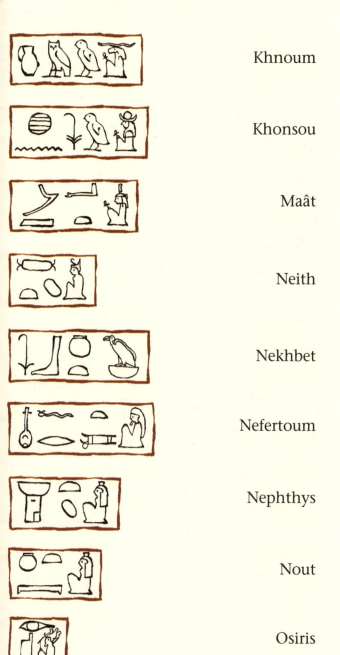

Ouadjet

Ptah

Rê

Selkis

Seth

Thot

Thouéris

Table

1- Le mystère de la création du monde   8
2- Isis et Osiris   26
3- Le combat des dieux   38
4- Le voyage du Soleil   54
5- La vie des momies   64
6- Signes des dieux   78

Reproduit et achevé d'imprimer
en octobre 2007
par l'Imprimerie Collet
à Mayenne
pour le compte des éditions
ACTES SUD
Le Méjan
Place Nina-Berberova
13200 Arles

Dépôt légal
1re édition : novembre 2000
N° impr. : 2007100040
(Imprimé en France)